Nach den seit 1.8.2006 verbindlichen Rechtschreibregeln.

Bibliografische Information der Deutschen Nationalbibliothek
Die Deutsche Nationalbibliothek verzeichnet diese Publikation
in der Deutschen Nationalbibliografie;
detaillierte bibliografische Daten sind im Internet
über http://dnb.ddb.de abrufbar.

Das Wort **Duden** ist für den Verlag
Bibliographisches Institut & F. A. Brockhaus AG
als Marke geschützt.

Alle Rechte vorbehalten.
Nachdruck, auch auszugsweise, verboten.
© Bibliographisches Institut & F. A. Brockhaus AG,
Mannheim 2009 D C B A
Redaktionelle Leitung: Eva Günkinger
Lektorat: Sophia Marzolff
Fachberatung: Ulrike Holzwarth-Raether
Herstellung: Claudia Rönsch
Layout und Satz: Michelle Vollmer, Mainz
Illustration Lesedetektive: Barbara Scholz
Umschlaggestaltung: Mischa Acker
Printed in Malaysia
ISBN 978-3-411-70817-8

Lilli und die Riesenkrake

Lea Knöte

mit Bildern von Barbara Scholz

Dudenverlag
Mannheim · Leipzig · Wien · Zürich

Badeanzug, Taucherflossen,
Sonnenbrille, Handtuch.
Lilli runzelt die Stirn und überlegt.
Dann holt sie noch ihre Wasserpistole
und packt alles in den roten Rucksack.
Ans Meer wollen sie heute fahren.
Mami, Papi, ihr kleiner Bruder Jasper
und ihr großer Bruder Jan.

Emma und Mia kommen auch mit.
Denn ohne ihre besten Freundinnen
macht alles nur halb so viel Spaß.
Und Papi hat schließlich gesagt,
dass so ein Ausflug ans Meer ein Spaß
für die ganze Familie sein soll
und ihnen ungeheuer gut tun wird.

Es klingelt!
Bevor Lilli an der Haustür ist,
hat Jasper sie bereits geöffnet.
„Guckt mal", sagt Emma
und deutet auf ihren Rücken.
Dort sitzt eine riesige Haifischflosse
aus grauem Gummi,
die um Emmas Bauch geschnallt ist.
„Hab ich selbst gemacht!"
„Toll!", sagt Lilli. „Damit kann man
bestimmt prima Leute erschrecken."

5

Mia sitzt schon im Bus und
bläst Jaspers Schwimmflügel auf.
Mami und Papi packen
die restlichen Taschen, die Kühlbox
und die Strandmatten ein.
Endlich kann es losgehen.
Papi startet das Auto und fährt los.
„Stopp! Wir haben Jan vergessen",
ruft Lilli. Papi hält an.
Langsam geht die Autotür auf
und Jan steigt lässig ein.
Jetzt sind sie komplett.

**1. Fall: Wie heißt
Lillis kleiner Bruder?**   Jan

Zwei Stunden später sind sie am Ziel.
„Guck mal, Papi", sagt Lilli erstaunt.
„Da hatten noch andere
die gleiche tolle Idee mit dem Meer."
Grimmig nickt Papi, denn er sucht
einen Parkplatz. Im Schatten.
„Am besten, ihr steigt schon mal aus,
geht vor und sucht ein schönes
Plätzchen am Strand", sagt Papi.
„Ich komme dann gleich nach."

Jesper   Jasper

Alle sind schon fertig und eingecremt, als Papi kommt. Er strahlt, denn er hat einen tollen Parkplatz gefunden. Er zwinkert Lilli zu.
„Weißt du", sagt er,
während er die Luftmatratze aufpumpt.
„Die Sonne wandert nämlich.
Aber ich, ich habe genau berechnet,
dass unser Wagen
den ganzen Nachmittag
im Schatten stehen wird."
Lilli staunt.
Toll, was ihr Papi alles kann!

„Keinen Blödsinn machen, Kinder!",
ruft er Lilli und
ihren Freundinnen hinterher,
aber die sind bereits im Wasser.
Jasper bleibt lieber an Land.
Zumindest ein bisschen,
denn mit den Füßen
traut er sich schon ins Wasser.

„Ich hab einen Schatz gefunden!",
brüllt Mia und deutet mit der Hand
auf eine dicke Frau,
die auf einer Luftmatratze liegt und
mit den Beinen im Wasser paddelt.
„Ich kann ihn sehen", ruft Lilli,
als sie das goldene Fußkettchen
der Frau entdeckt.
„Aber er wird von einer gefährlichen,
riesigen Krake bewacht!"

Emma will sich den Schatz
unter Wasser genauer anschauen.
Aber der Schatz paddelt hin und her.
Also versucht Lilli, ihn festzuhalten.
„Hilfe, Rettungsschwimmer!
Da krabbelt was an meinem Bein",
schreit da die gefährliche Krake.

"Hai", sagt Jasper
und zeigt auf Emmas Haifischflosse.
"Hai", sagt auch ein kleines Mädchen.
Und plötzlich stehen
eine Menge Leute da.
Emma taucht auf. "Warum glotzen die
denn alle so?", fragt sie.
"Die wollen sich bestimmt auch
den Schatz ansehen", sagt Lilli.

**2. Fall: Wer fragt:
"Warum glotzen die
denn alle so?"**

Lilli

„Kinder, ihr könnt doch nicht …",
beginnt der Rettungsschwimmer.
„So eine Unverschämtheit",
unterbricht ihn die Riesenkrake,
„die können gleich was erleben!"
„Lassen Sie sofort die Kinder in Ruhe!"
Plötzlich steht Papi da.
„Das ist mein Papi", sagt Lilli stolz
zu den anderen Badegästen.

 Emma  Mia

„Bösartige Riesenkrake
bedroht kleine Kinder", tönt es
da plötzlich laut durchs Megafon.
„He du, sofort runter da!",
ruft der Rettungsschwimmer.

3. Fall: Wie nennt
Emma das bedroh-
liche Wesen?

bosartige
Riesenkrake

Emma steht nämlich auf seinem Turm,
hält das Megafon in der Hand
und stößt mit der Trillerpfeife
ohrenbetäubende Pfiffe aus.
Doch jetzt verschwindet sie lieber.
Lilli, Mia und Emma überlassen
den Kampf mit der Krake Papi,
denn sie wollen jetzt
eine Sandburg bauen.
„Was war denn da hinten los?",
will Mami wissen.
Sie planscht mit Jasper im Wasser.
„Nichts Besonderes", meint Lilli,
während sie im Sand buddelt.
„Papi unterhält sich bloß."

 bösartige Reisenkarke

 bösartige Riesenkrake

„Das ist die schönste Sandburg,
die ich je gesehen habe!", sagt Mami
etwas später voller Bewunderung.
„Nur … wo habt ihr denn die Fahne her?"
„Die hat Jasper besorgt",
sagt Lilli stolz.
„Und, Jasper?", fragt Mami. „Wo hast
du die Fahne gefunden?"
Aber Jasper hat keine Lust
zu antworten und vergräbt lieber
Papis Schuhe im Sand.

„Vermisst hier irgendjemand
ein Bikinioberteil?", ruft Mami,
während Lilli, Emma und Mia
wieder ins Wasser gehen.
Sie wollen „Wer kann am längsten
auf der Luftmatratze stehen?" spielen.
Jasper verbuddelt so lange
Papis Sonnenbrille im Sand.

„Guck mal, Lilli", sagt Mia,
als sie wieder aus dem Wasser kommen.
„Dein Papi ist ja ganz rosa!"
„Du musst dich in der Sonne
immer eincremen", meint Lilli wichtig.
Aber Papi mag sich jetzt keine
schlauen Bemerkungen anhören.
Er verdreht die Augen,
schnappt sich die Luftmatratze
und verzieht sich aufs Meer.

**4. Fall: Was hat
Jasper vergraben?**

die Sonnen-
brille

„Wo ist eigentlich Jan?", fragt Mami.
Lilli, Emma, Mia und Jasper
beschließen, ihn zu suchen.
Sie gehen den ganzen Strand ab.
Kein Jan zu sehen.
„Vielleicht ist er entführt worden",
sagt Mia.
„Nee", sagt Lilli,
„den entführt doch niemand."
Trotzdem umfasst sie ihre
Wasserpistole ein bisschen fester.

 das Bikini-oberteil

 die Fahne

Dann entdeckt sie Jan
in einer Gruppe von Jugendlichen.
Er sitzt neben einem Mädchen
im goldenen Badeanzug.
Das Mädchen hat ihren Kopf
nah an Jans Kopf gelegt.
Und Jan grinst ganz komisch.
„Was machen die denn da?", fragt Mia.
„Vielleicht ist sie schwerhörig",
sagt Lilli, „und Jan muss ihr
direkt ins Ohr sprechen."

„He du, du im goldenen Badeanzug",
brüllt Emma.
„Verschwindet", ruft Jan.
Er guckt jetzt nicht mehr komisch,
sondern ziemlich genervt.
„Kennst du die?", fragt das Mädchen.
„Kann man so sagen", sagt Jan.
„Sprechen kann sie also ganz normal",
stellt Lilli fest.

Emma geht auf das Mädchen zu
und lässt sich neben ihr
aufs Handtuch fallen.
„Ich bin Emma", brüllt sie
in das Ohr des Mädchens.

22

Die erschrickt so sehr,
dass sie mit der Schulter
gegen Jans Kinn donnert.
„Aua", brüllt Jan.
„Hast du nen Knall?",
schreit das Mädchen Emma an.
Jasper bekommt Angst und sieht aus,
als würde er gleich losweinen.

Jetzt hat Lilli die Nase voll.
Sie kann unmöglich zulassen,
dass jemand gemein zu ihren Brüdern
und ihrer Freundin ist.
Lilli zielt mit der Wasserpistole
ins Gesicht des Mädchens
und feuert, was das Zeug hält.

Mia und Emma
nehmen Jasper an die Hand, der
schon wieder ganz fröhlich aussieht.
Und dann machen sie,
dass sie verschwinden.
Nur Jan scheint sich irgendwie
nicht so richtig
über seine Rettung zu freuen.

Als sie wieder an ihrem Platz sind,
taucht Papi auf.
„Meine Feuerqualle",
sagt Mami lachend.
Denn Papi ist auf der Luftmatratze
eingeschlafen und mittlerweile
nicht mehr rosa, sondern dunkelrot.
Deshalb legt er sich auch nicht auf,
sondern unter das Handtuch.

26

Lilli, Emma und Mia gehen spielen:
erst Luftanhalten im Wasser,
dann Frisbee und Fußball am Strand.
Sogar Jan kickt jetzt mit.
Und Jasper spielt das Tor.

Allmählich wird es kühler
und Papi und Mami
wollen wieder nach Hause fahren.
Alle packen ihre Sachen zusammen.
Jasper hilft Papi dabei, seine Schuhe
und die Brille auszugraben.
Dann gehen sie zum Parkplatz.
„Wo ist denn dein toller schattiger
Platz?", will Mami wissen.

Papi ist immer noch dunkelrot,
aber seine Zähne blitzen weiß,
als er grinst.
„Mir nach", sagt er stolz
und dann stehen sie vor dem Bus.
Die Türen sind so heiß,
dass Mami ein Handtuch nehmen muss,
um sich nicht die Hand zu verbrennen.
„Mach dir nichts draus",
sagt Lilli zu Papi. „Ich
verrechne mich auch manchmal."

"Das war wirklich eine Superidee von dir, Papi", sagt Lilli am Abend. "Es war genau, wie du gesagt hast: sonnen, baden und spielen. Fahren wir bald wieder ans Meer?"

5. Fall: Was hilft noch bei Sonnenbrand?

 Käse

Aber Papi kann nicht antworten,
denn auf seiner roten Haut
klebt weißer Joghurt.
„Weißt du, Lilli", sagt Mami
und gibt Lilli einen Kuss,
„ich glaube, Papi muss sich jetzt
erst mal von dem schönen
Ausflug ans Meer erholen."
„Klar", sagt Lilli. „Kann er ja.
Bis zum nächsten Sonntag!"

 Quark   Salami

Was sagst du dazu?

Nach dem Sonntag am Meer gibt Jan seiner kleinen Schwester einen Spitznamen. Welchen schlägst du vor?

Schreibe deine Idee auf und schicke sie uns! Als Dankeschön verlosen wir unter den Einsendern zweimal jährlich tolle Buchpreise aus unserem aktuellen Programm!
Eine Auswahl der Einsendungen veröffentlichen wir außerdem unter www.lesedetektive.de.

Bibliographisches Institut &
F. A. Brockhaus AG
Duden – Kinder- und Jugendbuchredaktion
Kennwort: **Riesenkrake**
Postfach 10 03 11
68003 Mannheim
E-Mail: lesedetektive@duden.de

1. Klasse · 32 Seiten, gebunden

- Finn und Lili auf dem Bauernhof · ISBN 978-3-411-70782-9
- Nuri und die Ziegenfüße · ISBN 978-3-411-70785-0
- Eine unheimliche Nacht · ISBN 978-3-411-70788-1
- Franzi und das falsche Pferd · ISBN 978-3-411-70790-4
- Ein ganz besonderer Ferientag · ISBN 978-3-411-70795-9
- Das gefundene Geld · ISBN 978-3-411-70799-7
- Amelie lernt hexen · ISBN 978-3-411-70804-8
- Das Picknick im Wald · ISBN 978-3-411-70809-3
- Die Schildkröte im Klassenzimmer · ISBN 978-3-411-70814-7
- Ein Bär reißt aus · ISBN 978-3-411-70815-4

2. Klasse · 32 Seiten, gebunden

- Die Prinzessin im Supermarkt · ISBN 978-3-411-70786-7
- Auf der Suche nach dem verschwundenen Hund · ISBN 978-3-411-70783-6
- Emil und der neue Tacho · ISBN 978-3-411-70789-8
- Sarah und der Findekompass · ISBN 978-3-411-70792-8
- Ein bester Freund mal zwei · ISBN 978-3-411-70796-6
- Eine Sommernacht im Zelt · ISBN 978-3-411-70800-0
- Das Gespenst aus der Kiste · ISBN 978-3-411-70805-5
- Ein blinder Passagier · ISBN 978-3-411-70807-9
- Svenja will ein Junge sein · ISBN 978-3-411-70810-9
- Ein Tag auf dem Pferdehof · ISBN 978-3-411-70816-1
- Lilli und die Riesenkrake · ISBN 978-3-411-70817-8

3. Klasse · 48 Seiten, gebunden

- Anne und der geheimnisvolle Schlüssel · ISBN 978-3-411-70787-4
- Eins zu null für Leon · ISBN 978-3-411-70784-3
- Viktor und die Fußball-Dinos · ISBN 978-3-411-70793-5
- Nelly, die Piratentochter · ISBN 978-3-411-70797-3
- Herr von Blech zieht ein · ISBN 978-3-411-70802-4
- Prinz Winz aus dem All · ISBN 978-3-411-70806-2
- Herr von Blech geht zur Schule · ISBN 978-3-411-70812-3
- Nelly und der Piratenschatz · ISBN 978-3-411-70818-5

4. Klasse · 48 Seiten, gebunden

- Der Geist aus dem Würstchenglas · ISBN 978-3-411-70794-2
- Der schlechteste Ritter der Welt · ISBN 978-3-411-70798-0
- Kira und die Hexenschuhe · ISBN 978-3-411-70803-1
- Die Inselschüler – Gefahr im Watt · ISBN 978-3-411-70808-6
- Betreten verboten! · ISBN 978-3-411-70813-0
- Zwei Jungs und eine Zicke · ISBN 978-3-411-70819-2

Ihre Meinung ist uns wichtig! Wie gefällt Ihnen dieses Buch?
Wir freuen uns auf Ihre Rückmeldung unter **www.duden.de/meinung**

Gefunden!
Knote den Streifen einfach
an das Lesebändchen an
und fertig ist deine Fingerabdruckkartei
für die Detektivfälle!
Für jeden Fall im Buch gibt es einen
Fingerabdruck in deiner Kartei. Diesen
Abdruck findest du bei der richtigen
Antwort im Buch wieder.